COMPROMISO
Total
CON
CRISTO

COMPROMISO
Total
CON
CRISTO

——— ¿Qué es? ———

A. W. TOZER

ANEKO PRESS

Nos encanta escuchar a nuestros lectores.
Por favor, contacte con nosotros por www.
anekopress.com/questions-comments si tiene
cualquier pregunta, comentario o sugerencia.

Diseño de portada: Jonathan Lewis
Traducción: A. Nieto

Aneko Press

www.anekopress.com

Aneko Press, Life Sentence Publishing y nuestros
logos son marcas registradas de
Life Sentence Publishing, Inc.
203 E. Birch Street
P.O. Box 652
Abbotsford, WI 54405
RELIGIÓN / Vida cristiana / Crecimiento espiritual
ISBN de tapa blanda: 979-8-88936-338-5
ISBN del libro electrónico: 979-8-88936-339-2
10 9 8 7 6 5 4 3 2 1
Disponible donde se venden libros

Contents

Quién es Jesucristo

En el primer capítulo de Colosenses leemos esto acerca de Jesucristo:

Él es la imagen del Dios invisible, el primogénito de toda creación. Porque en Él fueron creadas todas las cosas, tanto en los cielos como en la tierra, visibles e invisibles; ya sean tronos o dominios o poderes o autoridades; todo ha sido creado por medio de Él y para Él. Y Él es antes de todas las cosas, y en Él todas las cosas permanecen. Él es también la cabeza del cuerpo que es la iglesia; y Él es el principio, el primogénito de entre los muertos, a fin de que Él tenga en todo la primacía. Porque agradó al

Padre que en Él habitara toda la pleni-
tud (Colosenses 1:15-19).

Luego, en el primer capítulo de Efesios, Pablo
escribe sobre el poder de Dios que Él obró en y a
través de Jesucristo:

> *...y cuál es la extraordinaria gran-*
> *deza de su poder para con nosotros los*
> *que creemos, conforme a la eficacia*
> *de la fuerza de su poder, el cual obró*
> *en Cristo cuando le resucitó de entre*
> *los muertos y le sentó a su diestra en*
> *los lugares celestiales, muy por encima*
> *de todo principado, autoridad, poder,*
> *dominio y de todo nombre que se nom-*
> *bra, no solo en este siglo sino también en*
> *el venidero. Y todo sometió bajo sus pies,*
> *y a Él lo dio por cabeza sobre todas las*
> *cosas a la iglesia, la cual es su cuerpo,*
> *la plenitud de aquel que lo llena todo en*
> *todo* (Efesios 1:19-23)

Antes de hablar de nuestra unión con Cristo y de
nuestro apego consciente y voluntario a Cristo en
total compromiso, debemos mirar quién es Cristo
y cuál es su relación con el ente redimido que

llamamos la Iglesia. En los pasajes que he citado encontrarás expuesta esta verdad, que condensaré imperfectamente en tres palabras: centralidad, fundamento y preeminencia.

Centralidad. Dentro de la Iglesia, Jesucristo el Señor es central. Los escritores antiguos solían decir que Cristo es a la Iglesia lo que el espíritu es al cuerpo: es lo que le da vida. Una vez que el espíritu abandona el cuerpo, no hay nada que pueda mantener vivo al cuerpo. Cuando el alma se ha ido, el embalsamador es quien se hace cargo. En la Iglesia de Cristo – cualquier iglesia en cualquier lugar, de cualquier denominación –, mientras Cristo esté allí impartiendo vida y sea la vida de ese grupo de personas redimidas, tienes una Iglesia, porque Cristo es central en Su Iglesia. Él la mantiene unida.

Fundamento. Jesucristo es básico para la Iglesia. Él está debajo de ella como base; todo el grupo de los redimidos descansa en el Señor Jesucristo. Sé que esto suena como una serie de clichés religiosos, pero me gustaría decirlo al menos de tal manera que el elemento cliché desaparezca y lo escuches como si lo estuvieras escuchando por primera vez: toda la Iglesia de Dios descansa sobre los hombros de Su Hijo. Creo que podríamos dar la vuelta al mundo y simplemente clamar: "¡Cristo es suficiente!". Sí, Jesucristo es suficiente.

En los círculos evangélicos hay un punto débil: ponemos un signo "más, o +" después de Cristo. Tenemos a Cristo y sumamos algo más. Siempre son esos más los que arruinan nuestra vida espiritual personalmente y siempre son las adiciones las que debilitan a la Iglesia. Dios ha declarado que Cristo, Su Hijo, es suficiente. Él es el camino, la verdad y la vida (Juan 14:6). Él es nuestra sabiduría, justicia, santificación y redención (1 Corintios 1:30). Él es la sabiduría de Dios y el poder de Dios (1 Corintios 1:24). Él reúne en Sí mismo todas las cosas y en Él todas las cosas subsisten (Colosenses 1:17). No queremos a Jesucristo sumándole algo más. Queremos a Jesucristo.

Oíd, cielos, y escucha, tierra; porque el SEÑOR habla (Isaías 1:2). Esto es lo que Él dijo: *Este es mi Hijo amado; a Él oíd* (Marcos 9:7). Así que el Señor Jesucristo es suficiente.

Nosotros, los de fe evangélica, no debemos predicar a Cristo más la ciencia, o Cristo más la filosofía, o Cristo más la psicología, o Cristo más la educación, o Cristo más la civilización, o Cristo más cualquier otra cosa, sino a Cristo solamente, al Cristo suficiente. Esas otras cosas pueden tener su lugar y propósito y pueden ser útiles, pero no debemos apoyarnos en ninguna de ellas. Estamos descansando en Cristo, quien es básico para la fe de nuestros padres.

Preeminencia. Cristo es preeminente. Él está sobre todas las cosas, debajo de todas las cosas, fuera de todas las cosas y dentro de todas las cosas. Como decía el viejo obispo: "Él está por encima de todas las cosas, pero no exaltado; Él está debajo de todas las cosas, sosteniéndolo todo; Él está fuera de todas las cosas, abarcándolo todo; y Él está dentro de todas las cosas, llenándolo todo".

Nuestra relación con Él es lo único que realmente importa. La verdadera fe cristiana es un apego –una devoción– a la persona de Cristo. El apego de la persona individual a Jesucristo es intelectual, volitivo, exclusivo e irrevocable.

Apego intelectual

Debes tener un apego intelectual a Cristo para poder seguirle con total y completo compromiso. Es decir, no podemos vivir de nuestros sentimientos o de las ideas populares sobre Cristo. Hay muchas ideas falsas acerca de Cristo en estos días y debemos mostrarlas tal como son y luego señalar a la gente hacia *el Cordero de Dios que quita el pecado del mundo* (Juan 1:29).

John Owen, aquel antiguo puritano, advirtió a la gente de su época: "Tienes un Cristo imaginario, y si estás satisfecho con un Cristo imaginario, debes estar satisfecho con una salvación imaginaria"[1].

---

1   Esta es ciertamente una paráfrasis de las palabras de John Owen. "El antiguo puritano" escribió con más detalle y de manera más teológica. Por ejemplo, aquí un extracto similar en *La gloria de Cristo* de Owen: "Esto puede ser visto aquí en la tierra solamente por medio de la fe, pero en el cielo brilla en todo su fulgor para el gozo eterno de aquellos que lo contemplan. Esta es aquella gloria que Cristo pedía en su oración que los creyentes disfrutaran. La gloria la cual Cristo

Ciertamente hay un solo Cristo y la persona que es verdaderamente salva tiene un apego intelectual a Cristo en el sentido de que sabe quién es Cristo teológicamente. Está el Cristo romántico del novelista de romances, el Cristo sentimental del vaquero convertido a medias, el Cristo filosófico del intelectual académico, el Cristo cómodo del poeta pacífico y el Cristo musculoso del jugador de fútbol americano. Pero solo hay un Cristo verdadero, y Dios ha dicho que Él es Su Hijo.

Me gusta lo que dicen de Él en el Credo de Atanasio, que Él es:

> *Es Dios engendrado de la sustancia del Padre antes de los siglos, y es hombre nacido de la madre en el siglo 1, perfecto Dios, perfecto hombre, subsistente de alma racional y de carne humana, igual al Padre según la divinidad, menor que*

---

posee en el cielo actualmente puede ser entendida solamente por la fe. Personas necias usando sus propias imaginaciones humanas han tratado de representar esta gloria por medio de imágenes, pinturas y esculturas. Esta es la manera en la cual la Iglesia católica presenta la gloria de Cristo a la mente y a los corazones no espirituales, de personas supersticiosas. Pero se equivocan no conociendo las Escrituras ni la gloria eterna del Hijo de Dios. No debemos tratar de imaginarnos la imagen de una persona gloriosa en el cielo, sino que debemos usar la fe para meditar en la descripción de la gloria de Cristo que tenemos en las Escrituras." *La gloria de Cristo*, J. Owen [Publicaciones Faro de Gracia, ISBN 1-928980-05-8 , 1999]. Versión digital disponible en: https://fdocuments.ec/document/john-owen-lagloriadecristo-58af2ec6094c4.html?page=1. Acceso 28 de febrero de 2024.

el Padre según la humanidad. Más aun cuando sea Dios y hombre, no son dos, sino un solo Cristo, y uno solo no por la conversión de la divinidad en la carne, sino por la asunción de la humanidad en Dios; uno absolutamente, no por confusión de la sustancia, sino por la unidad de la persona. Porque a la manera que el alma racional y la carne es un solo hombre; así Dios y el hombre son un solo Cristo.

Este es el Cristo que adoramos y debemos tener este conocimiento de Él. Es decir, debemos tener al Cristo de la teología cristiana y debemos tener un apego intelectual a Cristo. Debemos creer en el Cristo de Dios: que Él es lo que Dios dice que es.

Apego voluntario

También está el apego voluntario a Cristo. Si voy a seguir a Cristo con total y completo compromiso, debo hacerlo mediante un acto continuo de mi voluntad. Los cristianos que tratan de vivir por impulso e inspiración, que esperan navegar hacia el cielo sobre el ondulante mar del sentimiento religioso, están cometiendo un grave error. Los cristianos que viven de sus sentimientos y emociones no viven muy bien y no durarán mucho.

Los escritores antiguos nos hablaban de la noche oscura del alma. Hay un lugar donde un cristiano pasa por la oscuridad, donde hay pesadez. Dios no nos va a llevar al Cielo envueltos en celofán, como si debiéramos estar colgados de un árbol de Navidad. Dios nos llevará allí después de habernos purificado, disciplinado y arrastrado por el fuego.

Primero nos hará fuertes y nos enseñará que la fe y el sentimiento no son lo mismo, aunque la fe, gracias a Dios, a veces trae sentimiento.

Solíamos cantar: "En las alturas se oye el voto solemne, voto que todos los días llevo y renuevo"[2]. La gente tiene miedo de ese tipo de cosas ahora, pero creo que así como Daniel determinó que no comería de la carne del rey (Daniel 1:8), y así como Jesús puso Su rostro como un pedernal (Isaías 50:7; Lucas 9:51), y así como Pablo dijo *una cosa hago* (Filipenses 3:13), el verdadero seguidor de Cristo debe ser alguien cuya voluntad haya sido santificada. No debería ser alguien que carezca de voluntad.

Nunca creí que cuando enseñamos la vida más profunda deberíamos enseñar que Dios destruye nuestra voluntad. Más bien, Dios une nuestra voluntad con Su voluntad y nuestra voluntad se fortalece en Su voluntad. A veces, a medida que maduramos en Dios, apenas sabemos si es nuestra voluntad o la de Dios la que está obrando en un momento dado.

---

2   Del himno "¡Feliz el día!", versión en español del himno original de Philip Doddridge "O Happy Day, That Fixed My Choice".

Apego exclusivo

Ahora paso a un apego exclusivo. Nuestro apego a la Persona de Cristo debe excluir todo lo que sea contrario a Cristo. Estos son tiempos en los que intentamos ser cien por ciento positivos, pero las Escrituras dicen de Jesús: *Has amado la justicia y aborrecido la iniquidad* (Salmo 45:7). Eso, en referencia a Jesucristo mismo, quien es más alto que los cielos más altos y está apartado de los pecadores (Hebreos 7:26). Si Él tuvo que odiar para amar, nosotros también.

Ser cien por ciento positivo sería tan fatal como inhalar continuamente durante toda la vida sin exhalar. No puedes hacer eso. El cuerpo humano requiere que se inhale para obtener oxígeno y que se exhale para deshacerse del veneno. La Iglesia de Cristo también tiene que inhalar y exhalar. Cuando inhala, debe exhalar. Cuando la Iglesia inhala la verdad, debe exhalar todo lo que es contrario a la verdad.

No creo que nadie pueda amar hasta que sea capaz de odiar. No creo que nadie pueda amar a Dios a menos que odie el mal. No creo que pueda amar a la justicia y la rectitud a menos que odie el pecado. La Biblia nos guía a la creencia de que para aceptar ciertas cosas, hay otras que debemos rechazar. Para afirmar ciertas cosas, hay cosas que debes negar. Para decir sí, debes poder decir no.

Hace mucho tiempo llegué a la conclusión de que no puedo llevarme bien con todo el mundo. Si te esfuerzas por complacer a todos, no lograrás complacer a nadie. No quiero un cristianismo diluido. Quiero poder decir que no. Le digo no al diablo y no a Kruschev[3]. Digo no al Papa y no a todo aquel que tenga algo que decir que sea contrario al Señor. Adoro al Señor y estoy apegado a Él con un apego intelectual que es teológico, con un apego voluntario que es definitivo y con un apego exclusivo que excluiría todo lo que es contrario a Cristo.

---

3   Nikita Kruschev era el líder de la Unión Soviética en el momento en que se escribió esto.

Apego inclusivo

Luego está el apego inclusivo. ¿Qué quiero decir con eso? Bueno, esa es la inhalación. Todo lo que Cristo es, hace, dice, promete y manda; toda la gloria que Le rodea, todos los cargos que ocupa, todas las brillantes bellezas y variadas facetas de Su naturaleza infinita y todo lo que Él es, todo lo que Él ha dicho y todo lo que Él ha prometido; tomo todo eso y lo incluyo todo. Además, como estoy identificado con Él, acepto a Sus amigos como amigos míos. Amo a todo el pueblo de Dios y les predico a todos, ¡y algunos de ellos escuchan!

Sabes, el Señor tiene algunos viejos amigos, de verdad. Ese tipo que va por la calle con un botón de "Solo Jesús" tan grande como un plato o vistiendo una camiseta de "Jesús salva", con el pelo no muy bien peinado, mirando al frente… Si es de Jesús, yo voy a reconocerlo. Un anciano obispo dijo una vez que el Señor tenía Su tesoro en vasijas de barro, y algunas de las vasijas están un poco agrietadas. Tienes que tener la disposición de reconocer a los amigos del Señor dondequiera que estén. Sus amigos son mis amigos y Sus enemigos son mis enemigos. Esta "sociedad unida" de la que todo el mundo habla, no me gusta. Quiero saber cuál es tu posición. ¿A quién amas? ¿y qué odias?

El cristiano bien puede definirse como alguien que ha regresado de entre los muertos. Creo que Pablo fue uno de los cristianos más extraños y atípicos que jamás hayan existido. Sin embargo, es uno de los más gloriosos y nos dio un pequeño texto que ningún editor contemporáneo aceptaría en un manuscrito sin reescribirlo: *Con Cristo he sido crucificado, y ya no soy yo el que vive, sino que Cristo vive en mí.* Ahora, ¿cómo llegó a ser así? *Con Cristo he sido crucificado.* Él está muerto. *Y ya no soy yo el que vive, sino que Cristo vive en mí.* Está vivo. ¿Está vivo o está muerto? *Y la vida que ahora vivo en la carne, la vivo por fe en el Hijo de Dios, el cual me amó y se entregó a sí mismo por mí* (Gálatas 2:20).

Pablo parece contradecirse aquí, pero dentro de toda esta contradicción encontramos la síntesis de una verdad maravillosa y gloriosa. La verdad es que el cristiano es aquel que fue crucificado y está vivo, estando unido a Jesucristo de la misma manera que Él unió a la humanidad y la deidad en la unión hipostática para siempre: el Dios eterno unido a la naturaleza del hombre, unión efectuada para nunca ser revertida.

Todos los miembros del cuerpo de Cristo unidos a Su cuerpo comparten en alguna medida esa unión hipostática y están unidos a Él. Cuando Jesús murió en la cruz, nosotros por fe morimos en la cruz. Cuando Él resucitó de entre los muertos, por la fe nosotros resucitamos de entre los muertos. Cuando Él fue a la diestra de Dios, por la fe fuimos con Él. *Si habéis, pues, resucitado con Cristo, buscad las cosas de arriba, donde está Cristo sentado a la diestra de Dios* (Colosenses 3:1). Y escrito está que estamos sentados *con Él en los lugares celestiales* (Efesios 2:6), lo que significa que estamos con Él donde Él está, miembros de Su gran cuerpo espiritual. ¡Qué maravilloso!

Apego irrevocable

También está el apego irrevocable. ¿Qué quiero decir con eso? Quiero decir que el Señor no quiere experimentadores andando por allí. Un actor de cine escribió un libro llamado *Try Jesus* [Prueba a Jesús]. Nunca leí el libro. No me pillarían jamás leyéndolo. ¿Prueba a Jesús? Toda esta experimentación... yo no creo en ella. Creo que deberíamos estar plenamente comprometidos con Él. Debemos rendirnos completamente a Jesús sin restricciones ni vacilaciones. Hundirnos o nadar, vivir o morir, debemos estar irrevocablemente unidos en amor, fe y devoción a Jesucristo el Señor.

Los cristianos deberían ser esos que están tan totalmente comprometidos que se trata de algo definitivo. Esta debilidad de mirar hacia atrás por encima del hombro para ver si hay algo mejor, no la puedo soportar. Una vez, un joven se acercó a un viejo santo que enseñaba la vida más profunda, la vida crucificada, y le preguntó:

— ¿Qué significa ser crucificado?

El anciano pensó por un momento y dijo:

— Bueno, ser crucificado significa tres cosas. En primer lugar, el hombre crucificado mira en una sola dirección.

Me gusta eso: mirar en una sola dirección. Si escucha algo detrás de sí, no puede darse la vuelta para ver qué está pasando. Ha dejado de mirar atrás. La persona crucificada en la cruz mira en una sola dirección, que es en dirección a Dios, Cristo y el Espíritu Santo. Es la dirección de la edificación de la iglesia, la santificación y la vida llena del Espíritu.

Luego, el anciano se rascó su desaliñado cabello gris y dijo:

— Hay algo más, hijo, acerca de quien está en una cruz: no vuelve atrás.

La persona que va a morir en la cruz no le dice a su esposa: "Adiós, cariño. Regresaré poco después de las cinco". Cuando sales a morir en la cruz, dices adiós y ¡no volverás! Si predicáramos más de esto y dejáramos de intentar hacer la vida cristiana tan fácil hasta el punto en que sea despreciable, tendríamos más conversos perdurables. Si una persona se convierte y sabe que si se une a Jesucristo vivirá una nueva vida y terminará con la vieja vida, y que en lo que respecta a este mundo no volverá atrás, entonces en efecto tienes un verdadero cristiano.

El anciano continuó:

— Y otra cosa acerca del que está en la cruz, hijo, es que ya no tiene planes propios. También me gusta eso. Alguien más hizo planes para su vida, y cuando lo clavaron allí, todos sus planes desaparecieron. En el camino cuesta arriba, no vio a ningún amigo y le dijo: "Bueno, Henry, el próximo sábado a eso de las tres pasaré por ti e iremos a pescar al lago". Iba a morir y no tenía ningún plan.

Oh, somos cristianos tan ocupados con todos esos planes nuestros, y algunos de ellos, aunque se hacen en el nombre del Señor y del cristianismo evangélico, ¡son tan carnales como las cabras!

Es hermoso decir: *Estoy crucificado con Cristo*, sabiendo que Cristo es Quien les hace sus planes. Les digo, damas y caballeros, veinte minutos de rodillas en silencio ante Dios a veces les enseñarán más de lo que pueden aprender en los libros y más de lo que jamás podrán aprender en las iglesias. El Señor te dará tus planes y los pondrá delante de ti.

Si las juntas de las iglesias aprendieran a pasar más tiempo con Dios y menos tiempo debatiendo, podrían ahorrarse todas esas reuniones de medianoche donde todos se recuestan cansados de discutir cosas. Dios puede reducir el tiempo que pasas debatiendo y discutiendo si dedicas más tiempo a esperar en Él. Él te dará el Espíritu Santo y te dará y te enseñará Sus planes.

Creo que eso es todo lo que quiero decir. Debemos unirnos a Jesucristo, unirnos inteligentemente por saber Quién es Él. Debemos unirnos voluntariamente a Él y no tratar de vivir de nuestros sentimientos, aunque gracias a Dios, ¡sentiremos tantas cosas al hacerlo! Debemos apegarnos exclusivamente, excluyendo todo lo que sea contrario a Él. Debemos tener un apego inclusivo, acogiendo todo lo que Él rodea. Debemos estar irrevocablemente apegados, siendo prescindibles y sin volver atrás. ¿Te has comprometido a Cristo?

A. W. Tozer – Una breve biografía

A. W. Tozer no tenía un diploma del seminario. No tenía diploma universitario. Ni siquiera tenía un diploma de la escuela secundaria. Sin embargo, al igual que Pedro y Juan, tenía sabiduría de lo alto, y la gente notó que *había estado con Jesús* (Hechos 4:13). Al final de su vida había leído más libros que la mayoría de las personas con educación universitaria. Había escrito docenas de libros, siendo pastor durante más de cuarenta años, y editor de la publicación de su denominación, y con un par de doctorados *honoris causa* había influido en personas de todo el mundo para que buscaran a Dios y caminaran en santidad.

Aiden Wilson Tozer nació en Newburg, Pensilvania, el 21 de abril de 1897. Cuando tenía 10 años se incendió la casa donde vivía, y su familia perdío casi todo lo que tenían. El hermano mayor de Aiden fue a Akron, Ohio, en busca de trabajo, y toda la familia se mudó allí cuando él tenía quince años. Consiguió un empleo en Goodyear. Un día, mientras caminaba a casa desde el trabajo, Aiden escuchó que un predicador callejero exclamaba: "Si no sabes cómo ser salvo, simplemente invoca a Dios diciendo 'Dios, ten misericordia de mí, un pecador', y Dios te escuchará". El joven Tozer llegó a casa y siguió el consejo del predicador callejero. Clamó a Dios y fue salvo, y así dio inicio a su viaje de por vida siguiendo a Jesús.

Tozer comenzó a crecer en Cristo. Asistió a la Iglesia Episcopal Metodista Grace, donde una mujer ayudó a enseñarle lo que ella creía sobre la Biblia. Aiden acabó casándose con la hija de esta mujer, Ada Cecelia Pfautz. Aiden y Ada estuvieron casados durante cuarenta y cinco años y tuvieron seis hijos y una hija. Mientras aún estaba en Akron, Tozer comenzó a asistir a una iglesia de la Alianza Cristiana y Misionera.

En 1919 Tozer se convirtió en pastor de una

pequeña iglesia en Virginia Occidental, y ese fue el comienzo de sus cuarenta y cuatro años de fiel ministerio pastoral. Leyó mucho y creció en la sabiduría y el conocimiento de Dios. Oró mucho y aprendió a caminar con Dios. Continuó siendo pastor de algunas otras iglesias antes de mudarse en 1928 a la Iglesia Southside Alliance en Chicago, donde permaneció durante treinta años.

El pastor Tozer era conocido como un hombre de oración, un profeta, un autor y más. Tozer era muy conocido, especialmente en la iglesia Alianza Cristiana y Misionera. En 1950 se convirtió en editor de la revista de la denominación: la *Alliance Witness* [Testigo de la Alianza] Los dos libros más conocidos de Tozer son *El conocimiento del Dios santo* y *En la búsqueda de Dios*, pero escribió otros treinta y cinco libros, entre ellos *Intenso: La vida crucificada* y *Ruina o avivamiento*.

A. W. Tozer habló y escribió mucho sobre la mundanalidad de la iglesia y la necesidad de santidad entre los cristianos. Su foco estaba puesto en la santidad de Dios y le importaba más agradar a Dios que a las personas. Podemos ver algo de su corazón en las siguientes frases:

Algunos hoy han adoptado un
nuevo Decálogo, con la siguiente

Introducción: "No estarás en desacuerdo", y también un nuevo conjunto de Bienaventuranzas, que comienza con: "Bienaventurados los que todo lo toleran, porque no serán responsables de nada". Ahora resulta aceptable hablar de diferencias religiosas en público con el entendimiento de que nadie intentará convertir al otro ni señalar errores en sus creencias. Imaginemos que Moisés acepta participar en un panel de discusión con Israel sobre el becerro de oro, o que Elías entabla un diálogo caballeroso con los profetas de Baal. O trata de imaginar a Jesús buscando un acuerdo con los fariseos para limar asperezas. La bendición de Dios se le promete al pacificador, pero mejor será que el negociador religioso tenga cuidado. La oscuridad y la luz nunca pueden unirse mediante la conversación. Hay cosas que no son negociables.

Si se retirara el Espíritu Santo de la iglesia hoy, el 95 por ciento de lo que hacemos continuaría estando, y nadie notaría la diferencia. Si se hubiera retirado el Espíritu Santo de la Iglesia del Nuevo Testamento, el 95 por ciento de lo que hacían ya no estaría, y todos habrían notado la diferencia.

En la mayoría de los lugares es casi imposible conseguir que alguien asista a una reunión donde la única atracción es Dios.

Jesús no es una de muchas maneras de acercarse a Dios, ni es la mejor de varias maneras; Él es el único camino.

Creo que el entretenimiento y las diversiones son obra del Enemigo para evitar que los moribundos sepan que están muriendo y para evitar que los enemigos de Dios recuerden que son enemigos.

No es de extrañar que un hombre de oración, del Espíritu y de tanta santa valentía como A. W. Tozer se destacara entre muchos otros predicadores, así como Juan el Bautista se destacó entre la multitud en su época. Tozer no era perfecto. Ha sido criticado por permitir que su obra para Dios interfiriera con el tiempo para su esposa e hijos, casi hasta el punto de descuidarlos. Se mantuvo ocupado en el ministerio cristiano y pasaba horas a solas con Dios todos los días y leyendo libros cristianos.

Después de su estadía en Chicago hasta 1959, Tozer pasó a su último pastorado: en la Iglesia Avenue Road (ahora Iglesia Bayview Glen) en Toronto, Canadá. El 12 de mayo de 1963, Aiden Wilson Tozer murió de un ataque cardíaco a la edad de 66 años. Su sepultura se encuentra en la esquina trasera del cementerio de Ellet en Akron, Ohio. El cementerio está ubicado detrás de la Iglesia Presbiteriana de North Springfield en Canton Road y Albrecht Avenue. La inscripción en su lápida dice simplemente: A. W. Tozer – Un hombre de Dios.

Otros libros publicados por Aneko Press

Jesús Vino Para Salvar a los Pecadores, por Charles H. Spurgeon

Jesús vino a salvar a los Pecadores es una conversación de corazón a corazón con el lector. A través de sus páginas, se examina y se trata debidamente cada excusa, cada razón y cada obstáculo para no aceptar a Cristo. Si crees que eres demasiado malo, o si tal vez eres realmente malo y pecas abiertamente o a puerta cerrada, descubrirás que la vida en Cristo también es para ti. Puedes rechazar el mensaje de salvación por la fe, o puedes elegir vivir una vida de pecado después de decir que profesas la fe en Cristo, pero no puedes cambiar la verdad de Dios tal como es, ni para ti ni para los demás. Este libro te lleva al punto de decisión, te corresponde a ti y a tu familia abrazar la verdad, reclamarla como propia y ser genuinamente liberado para ahora y para la eternidad. Ven, y abraza este regalo gratuito de Dios, y vive una vida victoriosa para Él.

Disponible donde se venden libros

Cómo Estudiar la Biblia,
por Dwight L. Moody

Este libro clásico de Dwight L. Moody trae a la luz la necesidad de estudiar las Escrituras, presenta métodos que ayudan a estimular el entusiasmo por las Escrituras, y ofrece herramientas para ayudarte a comprender los pasajes difíciles de las Escrituras. Para vivir una vida cristiana victoriosa, debes leer y entender lo que Dios te dice. Moody es un maestro en el uso de historias para ilustrar lo que está diciendo, y a través de estas páginas, tú serás inspirado y convencido a buscar la verdad en las páginas de la Palabra de Dios.

Disponible donde se venden libros